글 라드카 피로 · 그림 야쿱 바호리크

문을 열어 봐!

누구나 살면서 많은 문을 열게 되지.
너에게도 그런 순간이 올거야.

어떤 문은 잠겨서 잘 열리지 않고,

또 어떤 문은 잘 열려서 운이 좋으면
그 안으로 들어갈 수도 있어.

자, 너도 한번 열어 볼래?

제과제빵사가 되려면?

제과제빵사는 케이크와 쿠키, 초콜릿 등을 만들기 위해
정해진 업무시간을 철저히 지켜야 해.
게다가 매일 아침 일찍 일어나야 하지.

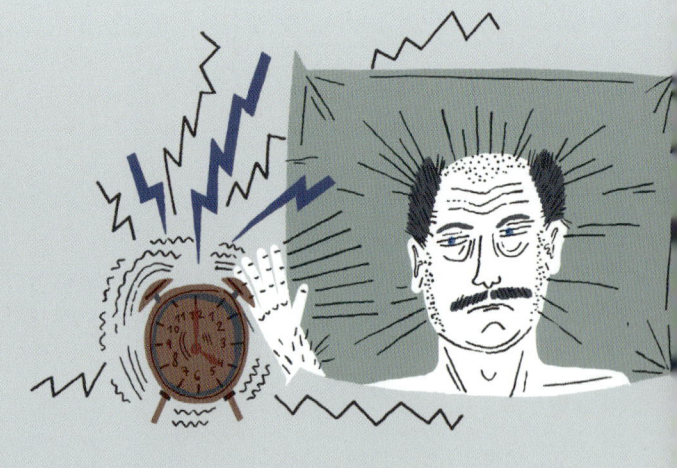

쿠키와 사탕이 가득한 곳에서
달콤한 향을 맡으며 일한다는 게 꿈만 같니?
달콤한 걸 좋아하는 사람에게는 완벽한 직업일거야.

그런데 달콤한 것만 먹으면서 일할 수는 없어.
제과제빵사가 되어서 건강하게 일하려면
신선한 채소와 몸에 좋은 음식을 골고루 먹어야 해.
운동도 꾸준히 해야 하고 말이야.

사람들이 좋아하는
달콤하고 맛있는 식품을 만들기 위해서는
제과제빵에 대한 전문 지식을 공부하고
기술을 배워서 자격증을 따야 해.

배우가 되려면?

배우는 기억력이 좋아야 해.
대사를 외워야 하거든.
가끔은 한꺼번에
여러 작품에 출연할 때도 있는데,
그럴 때는 출연하는 작품의 대사를
다 외워야 해.

연극 배우들은 주로 사람들이 쉬는
저녁 시간에 공연을 해.

노래를 잘 부르고
멋진 춤을 출 수 있다면
좀 더 다양한 역할을
맡을 수 있어.

사람들의 찬사를 받을 때 행복하다고?
그렇다면 배우는 바로 너를 위한 직업이야.
배우는 무대 위에서 엄청난 카리스마로 관객을 압도해.
사람들을 눈물짓게 하고, 두려워하게도 하고,
때론 기쁨과 환희로 가득차게 해.
관객들은 멋진 공연을 한 배우에게 기립박수를 보내지.
그건 배우가 받는 최고의 칭찬일거야.

자동차 정비사가 되려면?

자동차 정비사는 힘이 세야 해.
요즘은 정비를 도와주는 기계를 많이 사용하지만
수시로 무거운 휘발유통이나 타이어를 운반해야 하거든.

정비사는 다양한 종류의 자동차를
다루는 기술을 익혀야 해.
자동차 정비를 좋아하는 사람은
자동차의 종류나 가격에 상관없이
모든 자동차에 흥미를 느끼지.

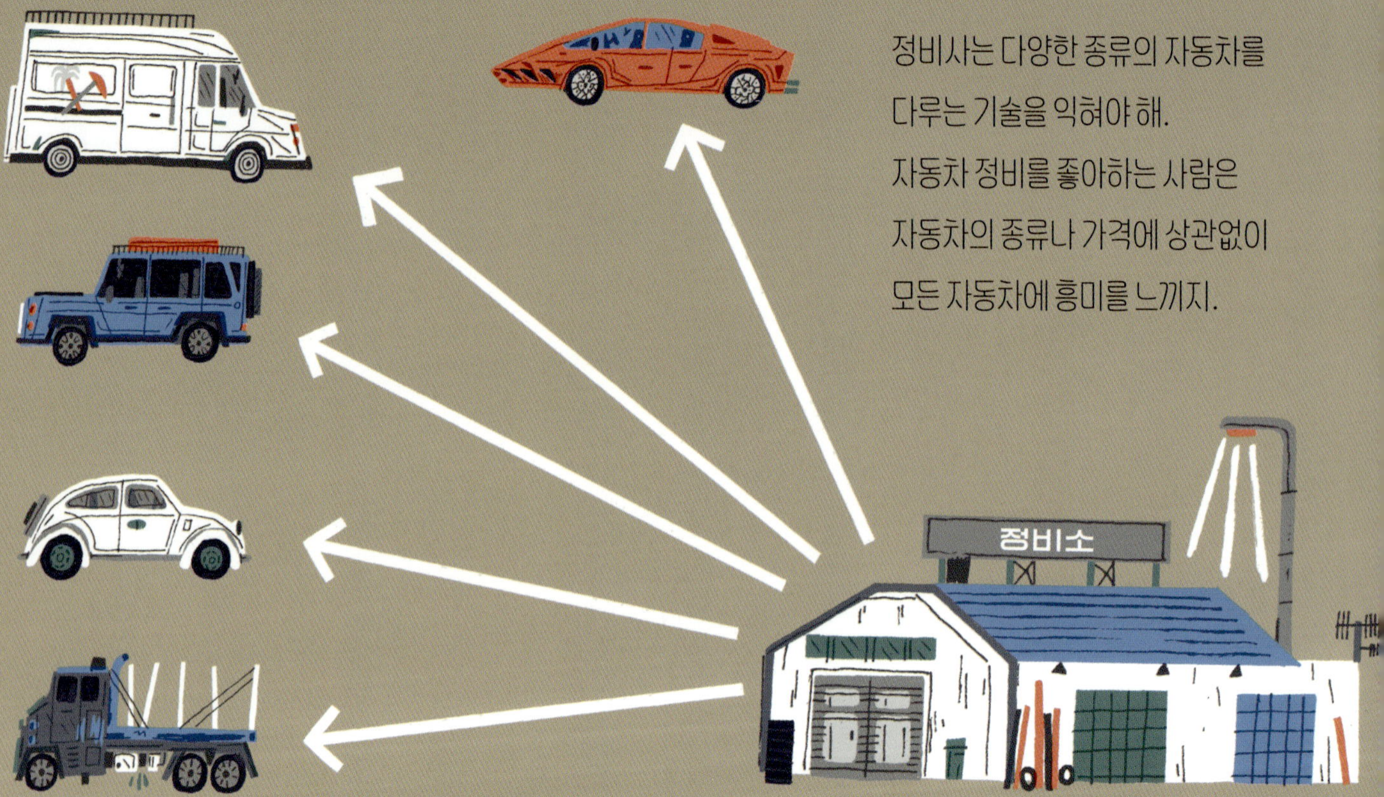

자동차를 좋아하고, 자동차가
어떻게 작동하는지 정말 궁금하다고?
그렇다면 너는 자동차 정비사가
되기에 충분한 자질을 지녔어.
자동차 정비사는
부품이 닳거나 고장나는 등
자동차의 크고 작은 문제를 해결해서
사람들의 삶을 편리하게 만들어 줘.

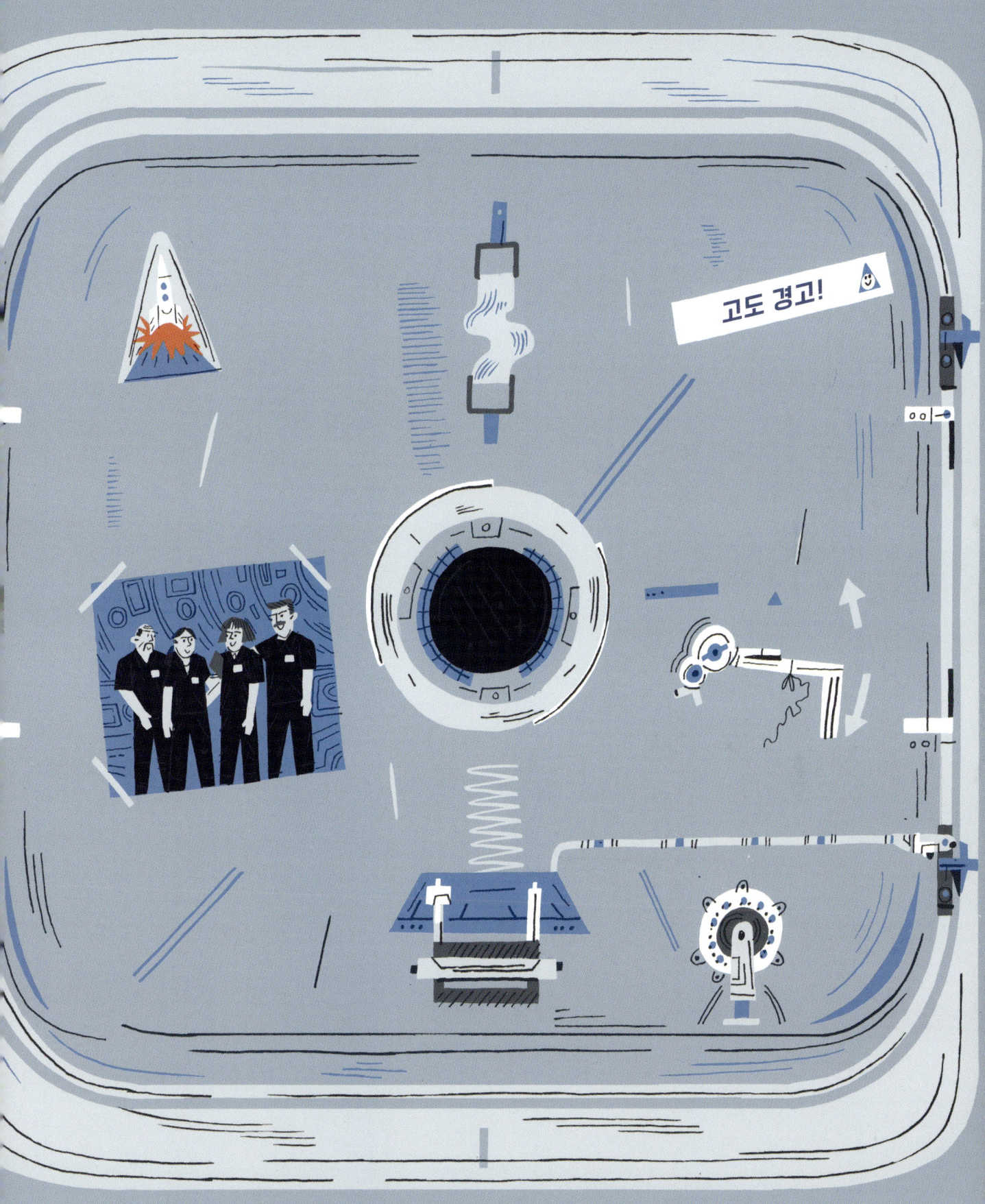

우주비행사가 되려면?

무중력 상태에서는 여러 가지 문제가 발생해.
지구 중력의 영향을 받지 않기때문에
근육이 줄어들고 뼈가 얇아져.
그래서 우주비행사들은 근력을 유지하기 위해
매일 특수 운동 기구로 운동을 해야 해.

  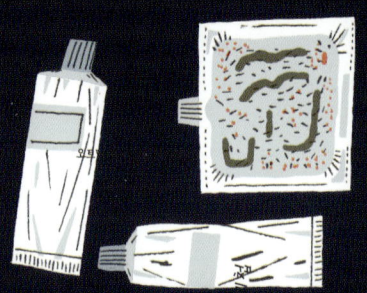

또 우주비행사는 다양한 식단을 통해
필수영양소를 골고루 섭취하는 것이 중요해.
최근에는 신선한 채소로 된 메뉴와
달콤한 간식도 먹을 수 있게 되었어.
하지만 여전히 지구에서 먹는 음식들처럼
종류가 다양하지는 않아.

또 우주비행사들은 몇 사람의 동료와
우주정거장 안에서 일하고 생활해야 해.
여가 시간에는 함께 즐거운 시간을 보낼 수 있지만,
간혹 싸우거나 마음 상하는 일이 생기면
만나고 싶지 않아도 피할 방법이 없어.

우주비행사에게는 여러가지 어려운 점이 있지만,
대부분의 사람은 경험할 수 없는 엄청난 즐거움이 있어.
바로 우주를 제대로 볼 수 있다는거지.
이건 어떤 어려움도 이겨낼 만큼 정말 가치 있는 일이야.

화가가 되려면?

화가는 예술에 대한 열정이 있어야 해.
끈기 있게 자기관리를 해야 하는 직업이기도 하지.
주문 받은 작품을 그릴 때는 시간에 쫓기는 경우가 많아.
그래서 화가는 일하는 시간이 따로 정해져 있지 않아.
화가의 일은 창조적인 예술 작업이라 며칠 동안
꼼짝없이 화실에 틀어박혀 있어야 할 때도 있어.
그래서 화가는 내성적인 사람들에게
매력적인 직업이기도 해.

눈앞에 보이는 것을 바로 그릴수 있다면 어떨까?
스케치를 쉽게 하는 화가들은 다양한 기법과
새로운 시도를 통해 멋진 작품을 만들어 내.

화가가 놀고 있는 것처럼 보인다고? 아니야!
화가는 가장 중요한 작업을 하고 있는 거야.
작품을 위해 떠오르는 영감을 붙잡으려고 애쓰는 중이거든.
하지만 예술적 표현의 한계를 느끼고 좌절할 때도 있어.
그 순간을 극복하기가 쉽지 않지만 결국 해내지.

때로는 그림이 글보다
더 많은 것을 말해 줄 때가 있어.
화가는 자신의 풍부한 내면세계를
그림 작품으로 표현해.

항공교통관제사가 되려면?

항공교통관제사는 무엇보다 책임감이 강해야 해.
작은 실수가 비행기 충돌 사고로 이어질 수 있거든.
항공교통관제사는 정확하고 신속하게 판단하고
돌발 상황에서도 침착하게 대응해야 해.
또 동시에 여러 가지 일을 생각해서
일의 우선순위를 정해야 해.

관제탑에서 일하고 싶니?
그렇다면 컴퓨터와 전자 장비들을 능숙하게 다뤄야 해.
다양한 항공기에 대해서 잘 알아야 하고,
기상과 레이더 데이터를 읽을 수 있어야 해.
명확하고 간결하게 의사소통을 할 수 있는 능력도 필요해.

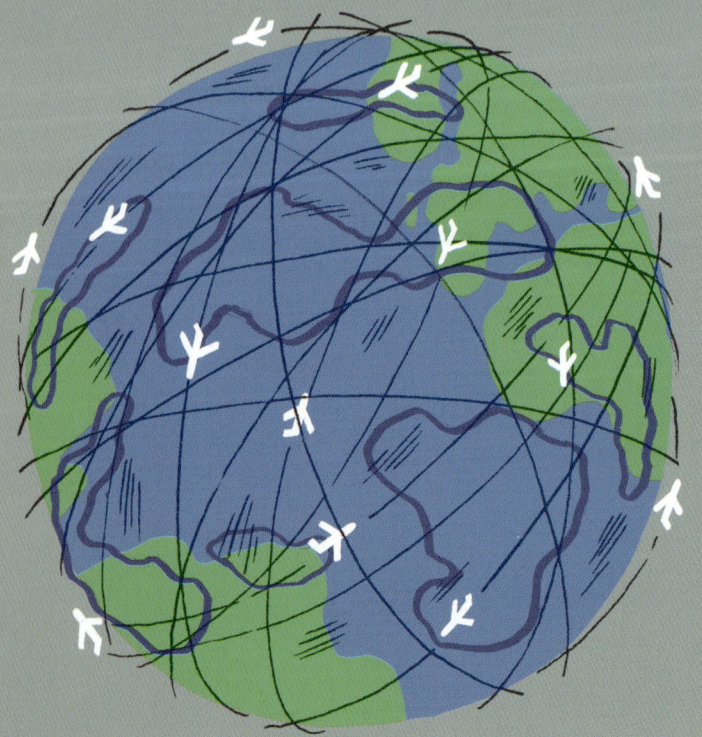

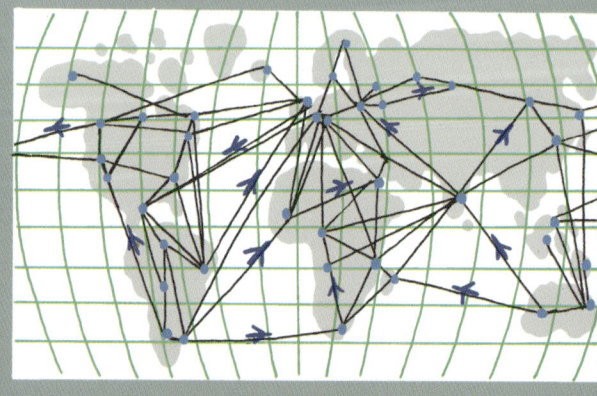

이 일은 결코 쉬운 일이 아니야.
항공교통관제사가 없다면 비행기를 타고
세계 여행을 하는 건 꿈도 못 꿀거야.

놀이공원 직원이 되려면?

신비로운 것을 좋아하니?
그럼 놀이공원에서 일하는 것을 추천할게.
하지만 여기에서 일하려면 인내심이 필요해.
분장하는 데 많은 시간이 걸리고,
때로는 괴상한 옷을 입어야 해.

주말에도 일을 해야 한다는 단점이 있긴 하지만,
놀이공원을 즐길 수 있다는 매력이 있지.

다른 사람들을 깜짝 놀래서
즐겁게 해 주고 싶다고? 그렇다면
놀이공원 직원이 딱 맞을 거야.
그 중에서도 유령의 집에서
일하게 된다면
넌 어떤 것도 무섭지 않을거야.

수의사가 되려면?

수의사는 매일 동물들과 교류하기 때문에 무엇보다 동물을 사랑해야 해.
동물들은 수의사가 자신을 도우려고 한다는 사실을 잘 몰라서 치료받는 걸 싫어할 수도 있어.
그래서 수의사는 동물들이 치료를 받을 때 두려워하지 않게 하는 방법을 알아야 해.

수의사가 돌보고 치료해야 할 동물이 개와 고양이만 있는 건 아니야.
모든 종류의 동물을 돌보고 치료해야 해.

최선을 다해서 치료해도 동물을 살리지 못 할 때가 있어.
그럴 때면 수의사는 슬퍼하는 주인을 위로하고 도와줘야 해.

다치거나 아픈 동물을 치료해서 낫게 해 주었을 때, 수의사라는 직업을 가진 게 얼마나 기쁜지 몰라.

소방관이 되려면?

소방관은 육체적으로 힘든 일을 하기 때문에
무엇보다 강인한 체력이 필요해.
소방 장비만 해도 20킬로그램이 넘거든.
그래서 소방관은 건강한 체력을 유지해야 해.

화재 진압은 매우 위험한 일이야.
소방관은 어려운 상황에서도
냉정함을 유지하면서 신속하게 대응해야 해.
작은 실수가 다른 사람뿐만 아니라
자신의 부상으로 이어질 수 있거든.

소방관은 홍수 및 여러 자연재해와 싸우고
교통사고 현장에도 출동해.
때로는 위험에 처한 동물도 구조하지.

소방관은 보람과 성취감이 큰 직업이야.
사람들에게 감사와 인정을 받고
없어서는 안 될 귀한 일이지.
소방관은 우리 모두의 영웅이야!

스튜디오 15

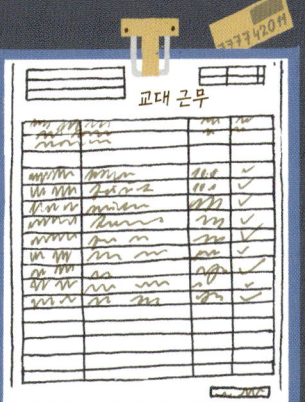

교대 근무

3번 로봇!
차를 옮겨
주세요

방문객
외계행성의 침입

용감한 기사

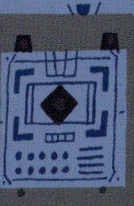

영화 감독이 되려면?

영화 감독은 우리가 영화관이나 TV에서 보는 영화의 총책임자야.
그래서 영화 감독은 창의력과 조직력이 뛰어나야 해.
시나리오 작가와 긴밀히 협력하면서
영화 내용을 완전히 이해하고 연출할 수 있어야 하지.

영화 감독은 다른 사람들과 잘 지내는 것이 매우 중요해.
카메라 감독과 음향 감독, 배우 등 모두가 자기 역할에
최선을 다할 수 있도록 협력하고 도와줘야 해.

영화를 다 만들어 영화관에서 상영하면,
이제부터 감독의 모든 노력이 인정을 받는 시간이야.
좋은 영화는 사람들에게 감동을 주고
우리가 사는 세상을 돌아보게 만들어.

자, 이제 너의 문을 열어 볼래?

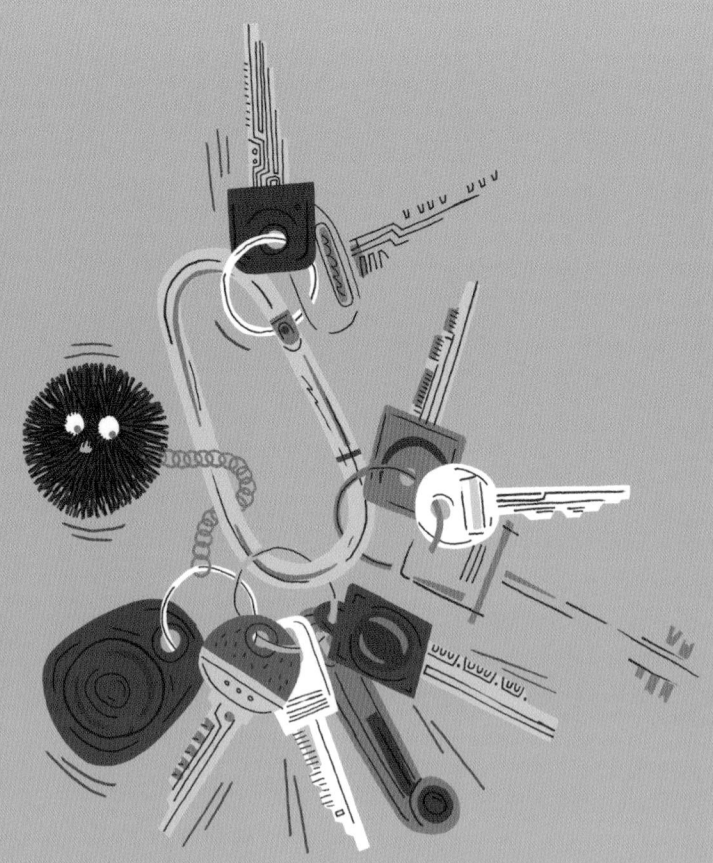

문을 열어 봐!

초판 1쇄 인쇄 2023년 12월 12일
초판 1쇄 발행 2024년 1월 24일

글 라드카 피로
그림 야쿱 바호리크
옮김 전경자

편집 김선희 | **디자인** 정선형 | **총무** 이성경 | **제작** 이광우 | **인쇄** 한국학술정보㈜
펴낸곳 템북 | **주소** 인천 중구 흰바위로59번길 8, 1036호
전화 032-752-7844 | **팩스** 032-752-7840
이메일 tembook@naver.com | **홈페이지** tembook.kr
출판등록 2018년 3월 9일 제2018-000006호
ISBN 979-11-89782-92-4 77300

WHAT'S BEHIND THAT DOOR? by Radka Píro, illustrated by Jakub Bachorík

© Designed by B4U Publishing, member of Albatros Media Group, 2023.
Written by Radka Piro. Translated by Andrew Oakland. Illustrations © Jakub Bachorik, 2023.
www.albatrosmedia.eu
All rights reserved.
This Korean edition was published by TEMBOOK in 2024 by arrangement with Albatros Media a.s.
through KCC(Korea Copyright Center Inc.), Seoul.

이 책은 (주)한국저작권센터(KCC)를 통한 저작권자와의 독점계약으로 템북(TEMBOOK)에서 출간되었습니다.
저작권법에 의해 한국 내에서 보호를 받는 저작물이므로 무단전재와 복제를 금합니다.

* 어린이 제품 안전특별법에 의한 제품표시 | 제품명 도서 | 제조자명 템북 | 제조국명 대한민국 | 제조년월 2024년 1월 | 사용 연령 5세 이상
⚠ 주의: 종이에 베이거나 긁히지 않도록 조심하세요. 책 모서리가 날카로우니, 던지거나 떨어뜨리지 마세요.

글 라드카 피로

여행을 좋아하고 독특한 이야기를 즐기며 무엇보다 책을 사랑한다. 체코의 대도시 모라바에서 태어났고, 대학에서 외국어를 전공했다. 프랑스와 독일에서 몇 번의 유학과 인턴 과정을 거쳤고, 세계 곳곳을 여행하며 다양한 경험을 했다. 지금은 아이들을 위한 책을 만드는 출판사에서 꿈을 이루며 일하고 있다.

그림 야쿱 바호리크

체코의 프로스테요프에서 자랐고, 프라하 아카데미 오브 아츠, 아키텍처 및 디자인 아카데미에서 일러스트레이션 및 그래픽 스튜디오 전공으로 학위를 받았다. 그림책뿐만 아니라 영화 포스터와 동화책, 문학서까지 다양한 분야에서 그림 활동을 한다. 과학 소설, 모터스포츠, 판타지에 열정을 갖고 있으며, 음악을 듣거나 스노보드로 휴식을 즐긴다.

옮김 전경자

경인교육대학교 영어교육학과와 동 대학원을 졸업했다. 모두가 행복한 학교를 꿈꾸며 교육철학 및 프로젝트 학습을 연구, 실천하는 교사이다. 한국다문화교육연구원과 시도교육청, 행정기관 등의 프로젝트에 연구자로 참여했으며, 경인교육대학교에서 'GCE진로교육멘토양성프로그램'과 '창의적 체험활동'을 강의하고 있다. 공역한 책으로 『리처드 도킨스, C. S. 루이스 그리고 삶의 의미』(템북)가 있다.